nils mohl
katharina greve

TIERISCHE AUSSENSEITER

2023

Umschlagbild: Katharina Greve
Grafische Gestaltung: Nele Steinborn, Wien
Schrift: Realist Narrow
Druck und Bindung: Florjančič, Maribor
ISBN 978-3-7022-4149-0
E-Mail: buchverlag@tyrolia.at
Internet: www.tyrolia-verlag.at
Social Media: Tyrolia Verlag Kinderbuch

MIX
Papier | Fördert gute Waldnutzung
FSC® C106954

nils mohl
katharina greve

TIERISCHE AUSSENSEITER

reime über
unknuddelige große wie kleine
mit und ohne beine

tyrolia-verlag • innsbruck–wien

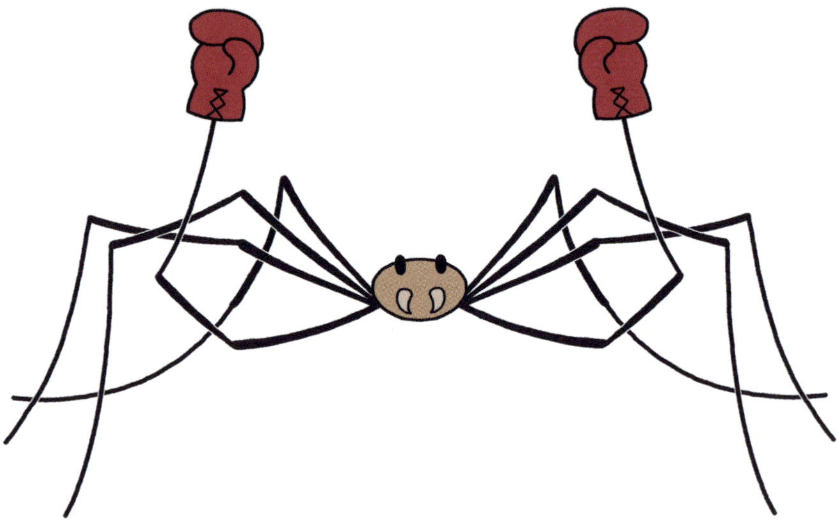

tierische außenseiter

mal sehr klein
mal voll schleim
mal nicht fein
mal kein bein
mal mit mehr als zwei'n
echt unknuddelig
wer will so sein?
wie wanze
wie qualle
wie iltis
wie wurm
wie weberknecht
sicher kein schwein
wie ungerecht
wie gemein
wer so was denkt
der kennt sie schlecht
denn alle außenseiter
sind doch meist die größten fighter!

die tierisch schrecklichen

HORROR & CRIME

in der außenseiterwelt

fette beute

es war einmal ein blutegel
der benahm sich wie ein flegel

schlürfte nur colatrinkerblut
so eine alte zuckerschnut

eines nachts dann ...

hat ein vampir das tier erhascht
und rasch als süßigkeit vernascht

schluck

du schläfst und träumst
sacht atmend
mit offenem mund

ein achtbeiner
seilt sich ab
hinab in den schlund

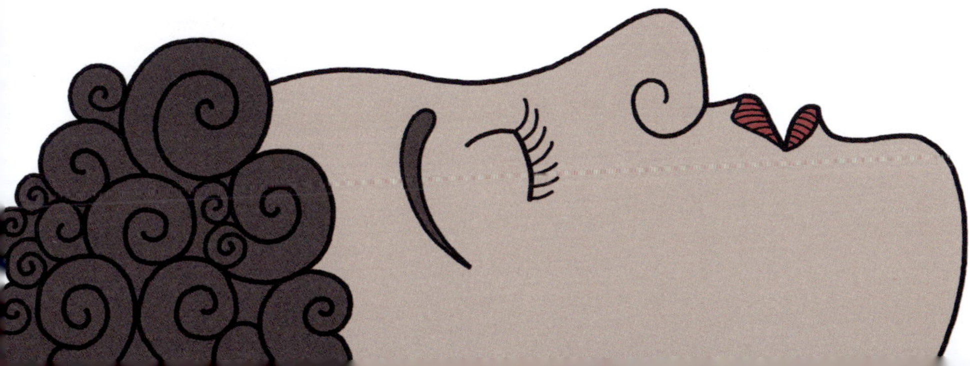

schundgedicht

unter ächzendem ventilator
lag überdreht ein alligator
mit schluckauf im motelwasserbett
verdaute ein ganzes jazz-quintett

rund ums reptil scherben und trümmer
kampfspuren überall im zimmer
kaputte glotze inklusive
die verwüstung war wirklich fiese

draußen stand deshalb die polizei
rief laut: wir zählen jetzt bis drei
netter versuch – half aber nicht viel
am schluss fraß auch sie das krokodil

auf's blut

mückchen summt
sticht
kriegst es nicht

mücke summt
sticht
und wieder nicht

mück summt
sticht
gibt's doch nicht

mü summt
sti…
klatsch!

m
…
matsch

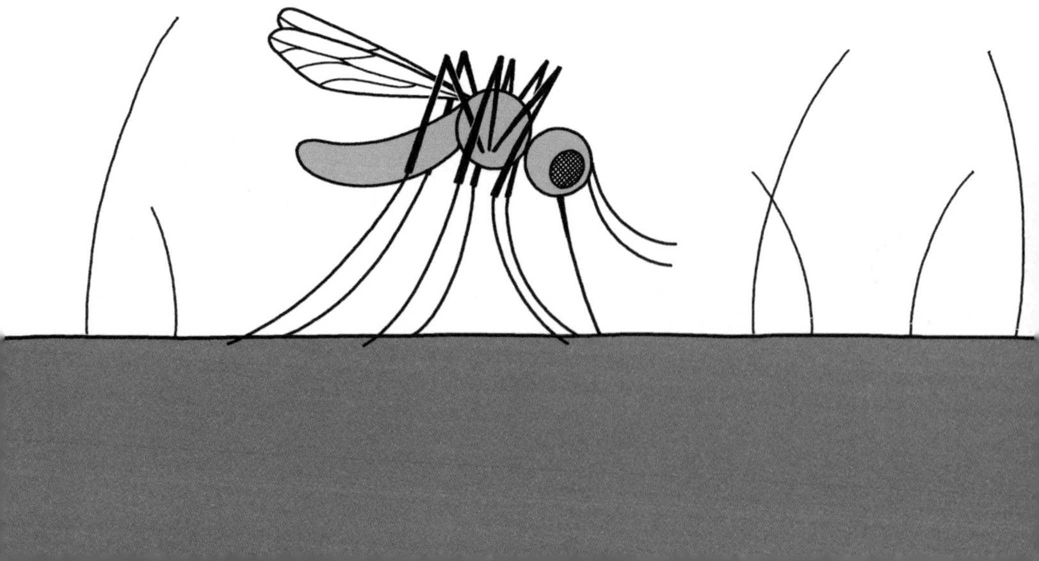

gift

holt eine schlange
sich beim schlängeln
einen knoten
ist lachen dann verboten?

verknoten schlangen
sich zum knäuel
wär's dann böse
wenn niemand sie erlöse?

es wäre wirklich fies
aber diese welt
ist eben auch kein paradies

die cowboymöwe

die cowboymöwe
sah den federschmuck der artgenossen
zog den revolver
und hat geschossen

peng-peng-peng-peng-peng!
zum glück mit platzpatronenmunition
und trotzdem ...
was für eine scheißaktion

spiel mir das lied vom alptraum

ein langer schriller klingelton
weckt mich aus dem schlaf
ich schaue durch den türspion
meine spontane reaktion:
kurzer herzstillstand
dann aber ab zum telefon

ist da die rettungsdienststation?
hallo 112!
ein notfall: hören sie mich schon?
immer mit der ruhe mein sohn
sagt eine stimme
sachlich und ziemlich monoton

dieses tier ist bestimmt entfloh'n
bringe ich hervor
schildere die situation
weiche zurück auf den balkon
denn: musik erklingt
nein – das ist keine illusion

doch der beamte lacht voll hohn
und legt einfach auf
klick: ende der konversation
na toll! steht ja auch kein skorpion
nachts vor seiner tür
und spielt dort giftig saxofon

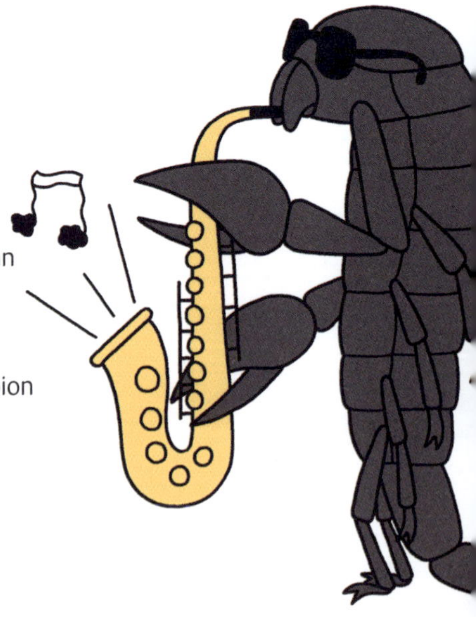

armes würmchen

das kriechtier hat sich verkrochen
jetzt schon seit anderthalb wochen
wieso hört man nur kein pochen
– hat es sich das herz gebrochen?

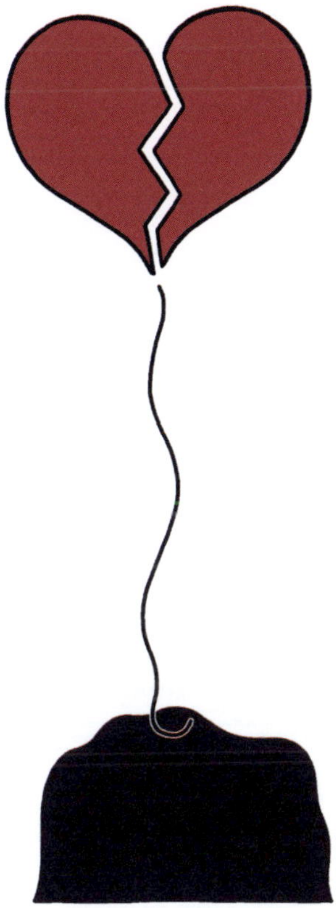

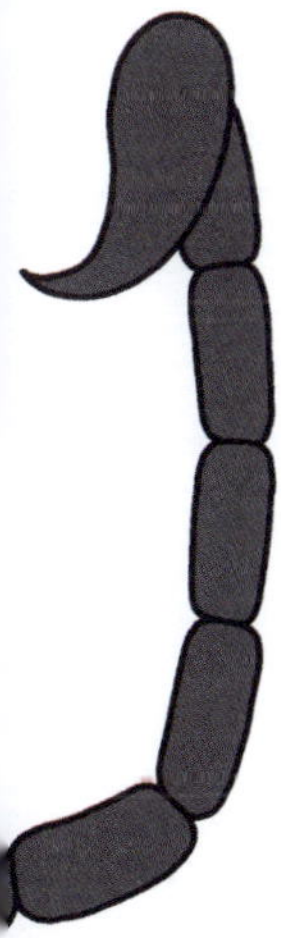

die tierisch auffälligen

MODE & LIFESTYLE

in der außenseiterwelt

der milliardenfüßler

hast du ihn humpeln seh'n?
das kommt vom vielen barfuß geh'n

was will man tun?

das tier wird ganz bekloppt
sobald's im laden schuhe shoppt

das geierrätsel

warum tragen geier
bei den visagen
niemals schleier

vielleicht haben geier
keine spiegel
oder einfach ...

a) rückgrat?!
b) 'nen hau?!
c) eier?!

geplatzter traum

ballonverliebt
ballonverrückt
hält stachelschwein
das schicksal für gemein

ballonverliebt
ballonverrückt
lebt stachelschwein
saulange zeit allein

ballonverliebt
ballonverrückt
braucht stachelschwein
ein stachelschneiderlein

das yak denkt über sein langes haar nach

wenn ich eine klette hätte
hätte ich gerne
eine sehr adrette

wenn ich eine klette hätte
hätte ich gerne
eine violette

wenn ich eine klette hätte
hätte ich gerne
eine richtig nette

und wenns keine adrette
violette nette klette wäre
dann nähme ich die schere

rüffel für den schnüffelbüffel

für das rumgeschnüffel
auf der blümchenwiese
kriegt der junge büffel
von den alten einen rüffel

jetzt fragst du: ja warum?
wer nimmt einem büffel
blümchengeschnüffel krumm?
und du hast recht: das ist dumm!

das müfflon

waschen soll ich mich?
ich soll duschen?
raus aus käsesocken
und gammelpuschen?
mein bauchfell mir striegeln?
die mähne entigeln?
mal seife ausprobieren?
mich blumig parfümieren?
mit pflegecreme einschmieren?

baden soll ich mich?
soll mich putzen?
die pickel ausquetschen
und meine krallen stutzen?
die zehennägel kürzen?
den fußgeruch entwürzen?
den filzbart shampoonieren?
das gesäßhaar deodorieren?
jeden zahnstumpf blank polieren?

nö!

von all dieser hygiene
krieg ich ja nur migräne

die hummel

brummel brummel
hätten alle tiere
wespentaille
brummel brummel
herrschte rundum tierisch
langeweile

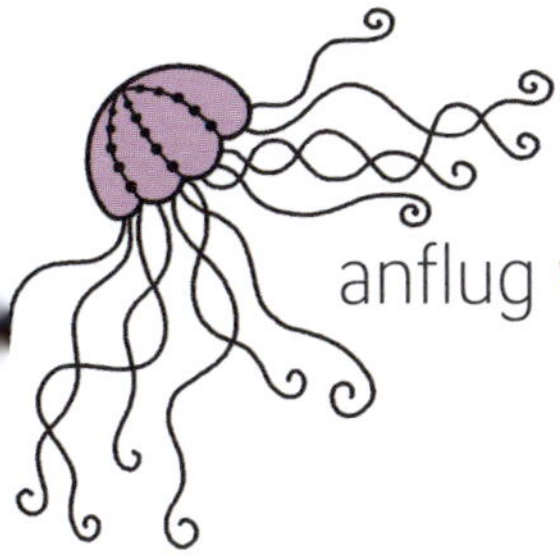

anflug von quallenneid

quallen zeigen keine zähne oder krallen
quallen lassen keine peitschen knallen
quallen müssen keinem wirklich groß gefallen
quallen müssen auch sehr wenig schnallen
quallen sind ja schließlich nichts als quallen
quallen – vielleicht die glücklichsten von allen?

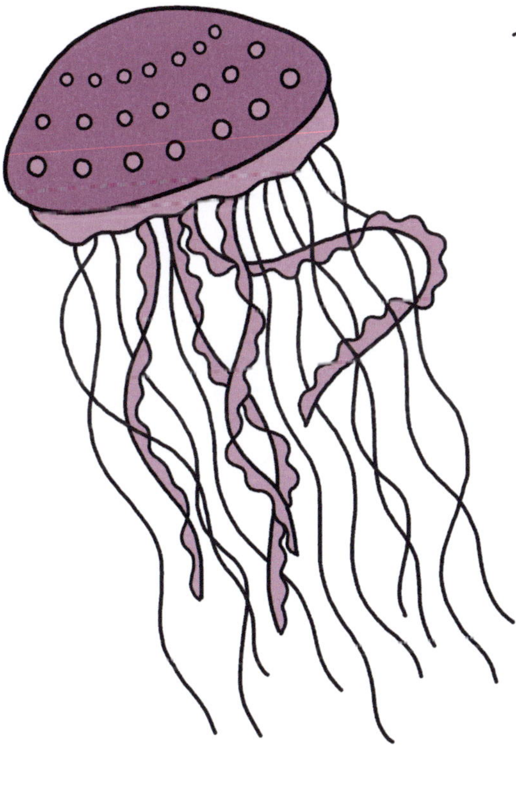

die tierisch einfallsreichen

KUNST
&
KREATIVITÄT

in der außenseiterwelt

riesen insekt

das insekt
hat uns entdeckt
wenn’s insekt
sich erschreckt
wer weiß
ob’s sticht?

oh nein
atme jetzt nicht
es sitzt dir
im gesicht
ob’s insekt
dich nur neckt?

was insekt
wohl ausheckt?
ist’s nicht
ganz dicht?
ja hör mal
was es spricht

summ-summ!
ist’s ein gedicht?

die kreative nacktschnecke

im nähkurs näht sie einen rock
schick bunt – darauf hat sie bock

im strickkurs strickt sie pullunder
mit muster – wahre wunder

im häkelkurs entsteht ein schal
dazu ein mützchen – echt genial

tja – die schnecke ist nun nicht mehr nackt
und die nachbarn finden's voll beknackt

kauziges federvieh

schnapsdrosseln
trinken
zugvögel
winken
aasgeier
schummeln und zinken

sturzflügler
sinken
müllfinken
stinken
buntspechte
lassen sich schminken

nachteulen
blinken
stockenten
hinken
reimfedern
wollen mich linken

anders gesagt:
was'n quatsch und gemogel
von der dichtkunst
kriegst du voll 'nen vogel

na meister mohl
bei ihnen piept es wohl

lieblingstieranwärter

jeder axolotl
hat am kopf gezottel
das sind kiemenäste

doch das allerbeste
so 'n unterwasserlurch
ist nämlich durch und durch
ein wunderwesen
kann ruckzuck genesen

verliert das tier ein bein
wächst das von ganz allein
und originalgetreu
schwuppdiwupp wieder neu
ich mache keinen scherz

beim axolotlherz
ist es das gleiche ding
– ein toller sonderling!

ich spinne

d
i
e
s
i
s
t
e
i
n
s
p
i
n
n
e
n
f
a
d
e
n

komm! zieh dich dran hoch

bist eingeladen …

ein elch träumt

elch träumt dass er vogel wäre
kolibri ist im traum ein fisch
der hai wird zum insekt im wald
ameise ruft als mensch zu tisch

kind träumt zu träumen wie ein elch
vom flug hoch über den bäumen
vom schwimmen und der kletterei
träumt den traum nie auszuträumen

bewundernswerte meisterwerke

du lässt dich schrecken
von krabbelgetier
wie milben
käfern
läusen
zecken?

haarige extremitäten
waren dir
in deiner nähe
schon immer
extrem
unerbeten?

wenn du vielfüßler hasst
besuch
einen termitenpalast
oh diese kunst!
du wirst spüren
sie fängt an
dich zu rühren

blöder affe

das pinselohräffchen
tuscht ein kritzelgiräffchen

da sagt paps pinselohr:
sing mal lieber vor im chor

die tierisch aktiven

FREIZEIT & SPORT

in der außenseiterwelt

die asselrasselbande

liebe asseln:
an die rasseln!
schluss mit quasseln!

ihr sollt das lasseln!
äh ... pardon! ich meinte: lassen!
(ist ja wirklich nicht zu fassen!)

so – jetzt schwingt die rasseln
ohne schiss es zu vermasseln
damit sie krass und klasse prasseln!

alle asseln:
rasseln! rasseln! rasseln!

ziertier

und
rum
rum
rum
immerzu
nur im kreis herum

so
dumm
dumm
dumm
die tage
im aquarium

der skisprungfloh

nimmt deine nase als rampe
saust mit mordsspeed hinab
springt beinah hoch bis zur lampe
verfehlt sie nur knapp
rauscht von oben
per segelflug
so zu boden
regelt das klug
landet halb im spagat
direkt auf schoßhündchenpelz
irres ding in der tat
– den skisprungflohfans gefällt's!

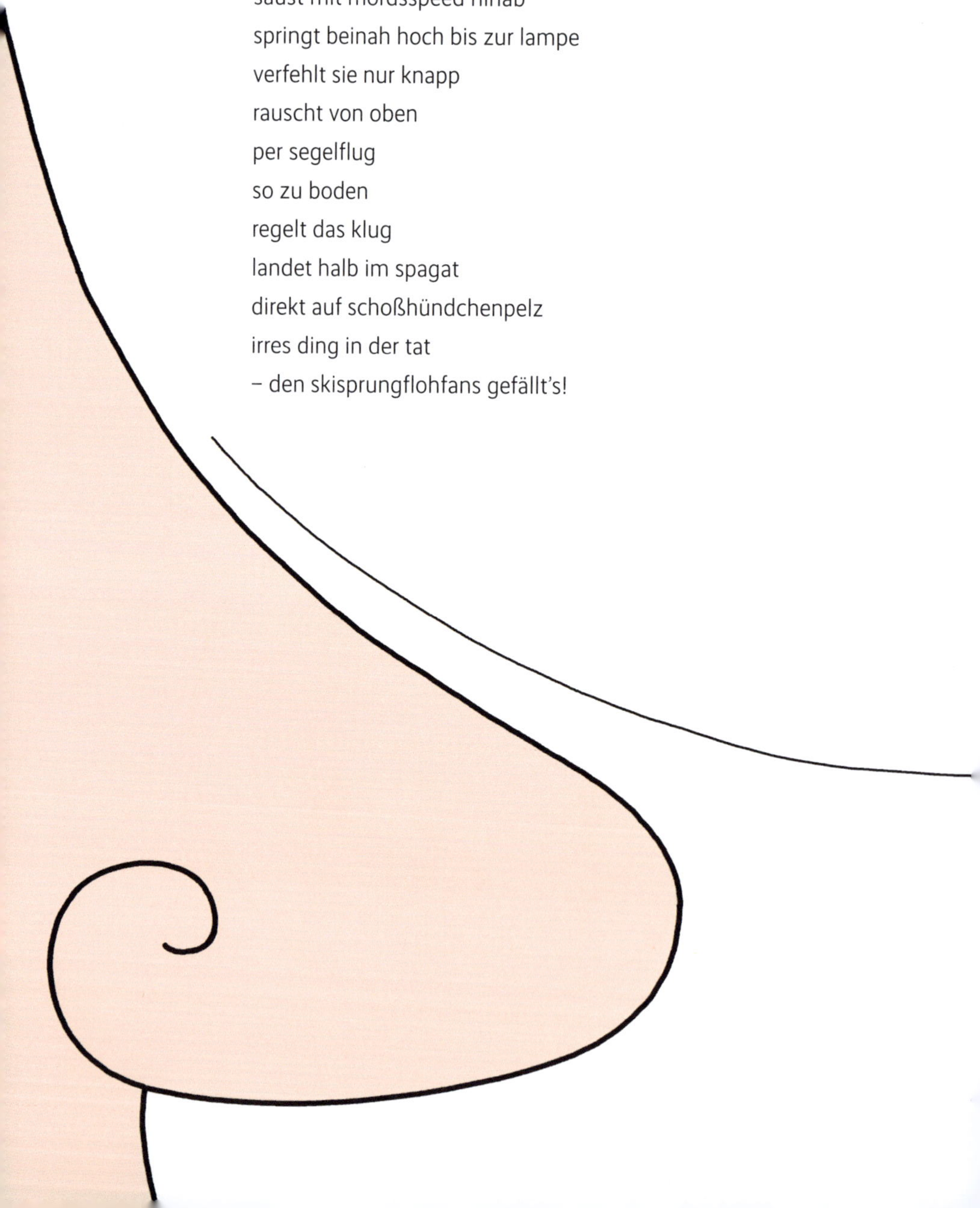

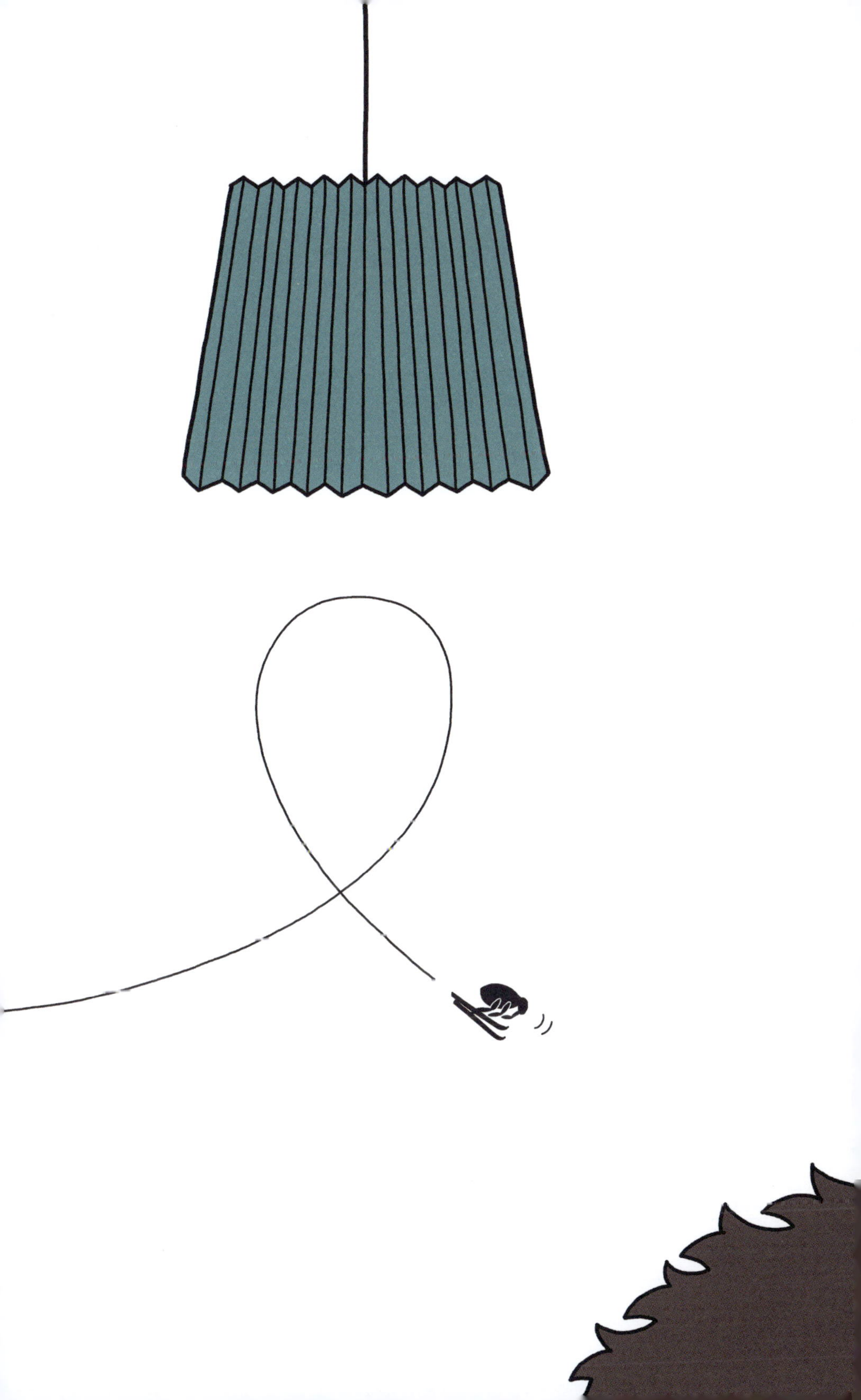

die sportniete mit den glitschhänden

der riesensalamander
mit namen alexander
kam immer am expander
ganz furchtbar durcheinander

jetzt trainiert er anderswo
das ist auch viel besser so
weil im fitnessstudio vom zoo
geht endlich niemand mehr k. o.

wildes ding

fliegt zur disco
fliegt auch salto
diese flotte
partymotte

saust durchs fenster
saust rein ins haus
hin zur lampe
und tobt sich aus

die mäusetreppe

die mäuse treten uns die treppe krumm
da fackeln wir nicht lange
greifen ruckzuck zur zange
und drehen alle treppenbretter um

was finden wir unterm ersten brett?
    ein feines hausmauszimmer mit holzparkett
was finden wir unterm zweiten brett?
    die schlafstube mit wühlmauskinder-doppelbett
was finden wir unterm dritten brett?
    das bad inklusive wassermaus-klosett
was finden wir unterm vierten brett?
    das öfchen und ein wollmausheizbrikett
was finden wir unterm fünften brett?
    schühchen für ein tanzmäuschenballett
was finden wir unterm sechsten brett?
    ein echt cooles elektromaus-ipad
was finden wir unterm siebten brett?
    eine schallplatte mit piepsmausduett
was finden wir unterm achten brett?
    ein schrank – darin ein fledermausjackett
was finden wir unterm neunten brett?
    sieht aus wie ein käseigelskelett
was finden wir unterm letzten brett?
    die mäuse – sie piepsen und winken nett!

floh inkognito

ja wo?
ja wo?

ach so.
ach so.

darum übrigens musste der ameisenanführer seinen ameisenanführerschein abgeben

im ameisenhügel
kam's zur palastrevolte
als ein arbeitstiertrupp
einfach mal pause wollte
der chef aber nur blöd
mit seinen augen rollte

die tierisch unternehmungslustigen

REISE & FREUNDSCHAFT

in der außenseiterwelt

fabel

zugvogel sagt: alter ich hau ab
stubenvogel: ich bleib hier

vogel nummer eins darauf (sehr knapp):
du faules feiges tier

jenes (tief getroffen) nuschelt schlapp:
och … 's klemmtdiekäfigtür

was freundschaft schafft

die scheuschrecke
saß schüchtern in der hecke

wer bog da um die ecke?
ein spaßhüpfer

zum glück!

so wurd's noch ein unvergesslicher tag
so ist's wenn man sich gegenseitig mag

der song vom dugong

was den dugong richtig stört?
wenn jemand sagt:
dugong? dugong?
ey nie gehört

das seeschwein
der dugong
schrieb deshalb
einen hiphop-song
yo! yo!
mit knaller beat
dugong dugong
und ging damit auf ozeantour

nur:
kein rapfan kam
was ein flop
enttäuschung pur
arme kreatur

das seeschwein
der dugong
schrieb deshalb
einen schmalz-chanson
uh la la!
mit catchy beat
dugong dugong
und ging damit auf ozeantour

nur:
kaum publikum
das alte lied
trotz oh l'amour
arme kreatur

das seeschwein
der dugong
schrieb deshalb
einen partysong
o yeah!
mit techno beat
dugong dugong
und ans mikro ging freund rocktopuss

das plus:
so schlug's wellen
und zum mitgröhl'n
war dieser stuss
ein tophit – ein muss

was der dugong richtig schätzt?
wenn jemand sagt:
dugong! dugong!
du weißt was fetzt!

die zwielichtigen

jetten bakterien in die ferien?
wohnen parasiten in luxussuiten?
lassen krasse viren sich tätowieren?
stehen pilze vielleicht auf schweinskopfsülze?

wer weiß? sie geben leider kein interview
doch den biestern trau ich beinah alles zu

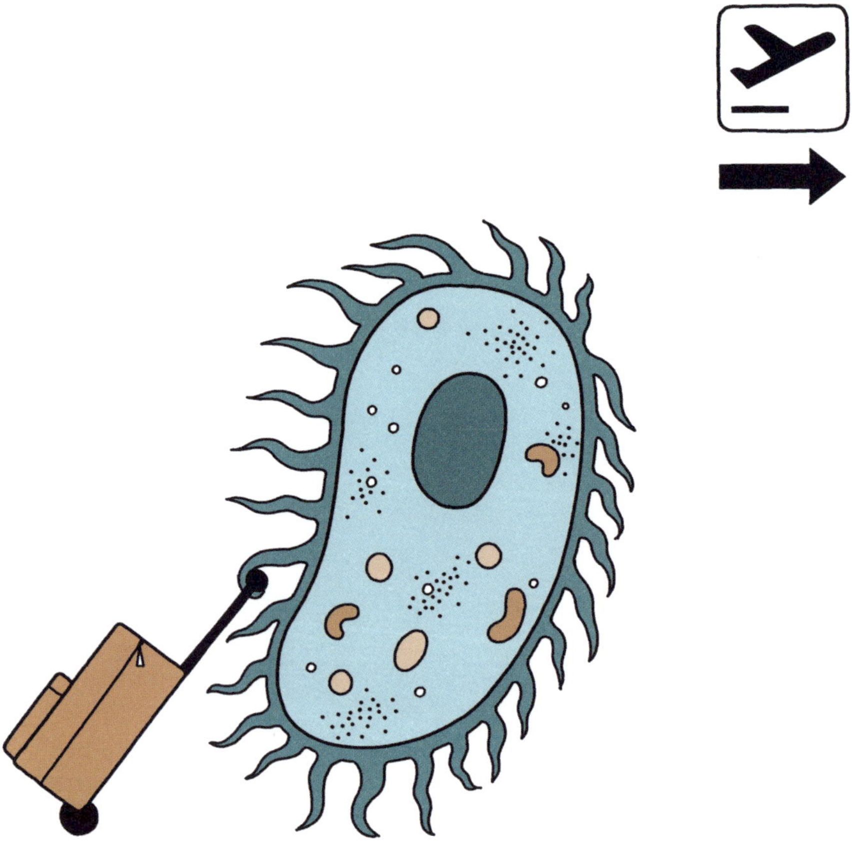

das versteck

quicklebendig krabbeln
acht wendige schaben
mir in den text hinein
quirlige tierchen
aus nichts als buchstaben

dann kommen vier raben
schlagen mit den flügeln
und stürzen sich wendig
nichts kann sie zügeln
auf meine schabenschar

schnabelzangen
wollen bange
schaben fangen

bringt dich das ins grübeln
bekommst du einen schreck
darf ich dir verraten
die acht insekten
flitzen in ein versteck

hier zwischen den zeilen
der schönen wörterwelt
pech für die vier raben
sie haben den schluss
sich anders vorgestellt

so richtig verreisen

waran
und pelikan
fuhr'n bahn
mit affenzahn
doch ohne plan
und sah'n
einen kahn
dann unterwegs
auf einem fluss
und kamen so
simultan
und recht spontan
zum schluss
dass ihre reise
auf dem wasser
weitergehen muss
gesagt getan
mit der bahn
hatten waran
und pelikan
sich eh vertan
schließlich
war ihr ziel
der ozean

ps: später flog ein albatros
sie ganz bis nach galapagos

zwei dummkopffüßler

spazieren um einen see
ziellos und mit flottem schritte

sagt der eine plötzlich: *he!*
lass mich auch mal in die mitte

auf dem grünen blatt

wie das käferchen tippelt
am rand
wie das käferchen hippelt
am rand
wie das käferchen kippelt
am rand
wie's ganz plötzlich stürzt
wie's fällt
wie's elegant dann
davonschwirrt …

hey grüß mir die welt!

INHALT

FREIZEIT & SPORT in der außenseiterwelt

REISE & FREUNDSCHAFT in der außenseiterwelt

nils mohl

geb. 1971, lebt als freier schriftsteller in seiner geburtsstadt hamburg, besitzt einen wohnwagen auf der nordseeinsel amrum und veröffentlicht immer montags ein gedicht auf instagram. sein werk wurde vielfach ausgezeichnet – zuletzt erhielt er für das buch »an die, die wir nicht werden wollen« u. a. den österreichischen kinder- und jugendbuchpreis und den josef guggenmos-preis für kinderlyrik. den deutschen jugendliteraturpreis bekam er bereits 2012 für den später auch verfilmten roman »es war einmal indianerland«.
www.nilsmohl.de

katharina greve

geb. 1972 in hamburg, studierte architektur und lebt als cartoonistin, comic-zeichnerin, künstlerin, autorin und ex-architektin in berlin. neben arbeiten für titanic, süddeutsche zeitung, neues deutschland, das magazin und die presse veröffentlichte sie bisher eine solo-cartoon-sammlung und sechs comic-bände. ihre arbeiten erhielten zahlreiche preise, so wurde z. b. 2016 der web-comic »das hochhaus – 102 etagen leben« mit dem max und moritz-preis in der kategorie »bester comic-strip« beim internationalen comic-salon erlangen ausgezeichnet.
www.katharinagreve.de

auch tierisch interessant: das erste mal haben katharina greve und nils mohl in den 1980er jahren am gymnasium marienthal für die schülerzeitung zusammengearbeitet. er schrieb z. b. das horoskop, sie steuerte die zeichnungen bei.

die bilder in diesem buch sind digitale handzeichnungen.

großkotzer – damit ihr's wisst:
wir sind echt angepisst
kleinvieh macht nicht nur mist!

zugabe!

star

dem star war klar
als star
wirst du kein star
als star bist du nie rar

zum star der schar
fehlt haar
sogar elementar
und zwar starhaar

na klar
als star mit haar
wärst du fürwahr so rar
wie sonst kein star

sichtbar haarstar
scharstar in der starschar
wärst du
prachtexemplar

kurzum popstar
pardon topstar
ja jahr für jahr dankbar
starstar

– der vielleicht schrägste vogel des planeten
ach freaks: ein hoch euch glücklich durchgedrehten!